www.ingramcontent.com/pod-product-compliance
Lightning Source LLC
Chambersburg PA
CBHW020553220526
45463CB00006B/2291
* 9 7 8 1 6 7 8 5 0 5 5 1 6 *